Los Mejores Tangos De

# CARLOS GARDEL

EXCLUSIVELY DISTRIBUTED BY

 HAL•LEONARD®

Project Managers: Zobeida Pérez and Jeannette DeLisa
Art: Joann Carrera

© 1996 by Alfred Publishing Co., Inc.
All rights reserved.  Printed in USA.

ISBN-13: 978-1-57623-500-3

# INDICE

# BIOGRAFÍA

El 11 de diciembre de 1890 nació en Toulouse (Francia) Charles Romuald Gardes. Su madre, la humilde y solitaria Bertha Gardes, resolvió dejar su tierra y embarcar rumbo a Buenos Aires, en procura de mejores horizontes.

Llega con su pequeño Charles el 9 de marzo de 1893 y se instalan en el centro de la gran capital.

Terminados sus estudios primarios, Charles – Carlitos en la Argentina – comenzó a trabajar en distintos oficios para ayudar a su madre. En esas andanzas, se metió en los teatros como utilero y escuchó cantar a grandes artistas líricos. Le encantaba el mundo de las canciones, y sintió estimular su propia vocación, ya iniciada en los coros infantiles del colegio.

Estaban de moda entonces las canciones criollas del paisaje argentino: las milongas que entonaban aquellos payadores que despertaron su admiración: los hermosos estilos, cifras y tonadas. En su garganta se anidaban mil gorgeos al entonar ese repertorio, y comienza a hacerse oir como "cantor criollo." – Rasgueaba unos acordes en la guitarra, y con ella se acompañaba en aquellos cafés por la zona del Mercado de Abasto. – Por motivos eufónicos, cambió la "s" final de su apellido por una "l": Gardel, Carlos Gardel. Pero lo empezaban a conocer como "El Morocho."

Su presencia era requerida en distintos lugares de la capital porteña, donde llegaba su fama de cantor. Por esa época también triunfaba un uruguayo llamado José Razzano, apodado "El Oriental." – Y llegó el día en que comunes amigos y admiradores los juntaron; una noche que haría historia pues allí cantaron lo mejor de sus repertorios. Tras otros encuentros, y luego de varias experiencias individuales, decidieron formar el dúo GARDEL-RAZZANO.

Corría el año 1913 y Gardel comenzó a registrar sus primeras grabaciones con temas nativos, acompañándose él mismo con la guitarra: y el dúo Gardel-Razzano inició sus actuaciones en cabarets y teatros, consagrándose como atracción indiscutida durante varios años. Recorrieron varias ciudades de la Argentina con buen éxito, y también incursionaron por Uruguay y Brasil, como número fuerte en varios espectáculos teatrales.

En 1917 comenzó el dúo a grabar discos con gran repercusión popular. Es en ese año cuando Gardel se encontró con EL TANGO, estrenando "Mi Noche Triste," tema de Samuel Castriota, al que puso versos el vate Pascual Conturci. La incorporación del tango en el repertorio de Gardel fué un gran impacto, por la personalísima interpretación que hizo el cantor de aquellos sencillos versos sentimentales. El tango cantado irrumpió así en la vida nacional, y Carlos Gardel fué el artífice de este descubrimiento.

Vienen varios años de continuas presentaciones del dúo, y en 1923 viajaron por primera vez a España para actuar en los "Fin de Fiesta" de la compañía teatral de Matilde Rivera y Enrique Rosas. El 10 de diciembre debutaron en Madrid, y Gardel-Razzano cantaron su repertorio criollo, con buenos tangos a cargo de Gardel, conquistando de inmediato la admiración de los españoles.

En 1924, ya de regreso en Buenos Aires, los dos cantores actúan por primera vez en la incipiente radio-telefonía argentina. Cantaron en LOW Radio Grand Splendid, de Buenos Aires. Por supuesto, siguieron presentándose en los teatros y en distintos lugares del país con el éxito de siempre.

En septiembre de 1925, José Razzano, afectado por problemas en sus cuerdas vocales, dejó de cantar. En lo adelante seguirá actuando sólo Carlos Gardel, iniciando así definitivamente su carrera rumbo al éxito internacional.

## CARLOS GARDEL, EN SOLITARIO

Nuevamente embarcó Gardel hacia España, contratado por segunda vez por la Compañia Rivera-de Rosas. Mientras Gardel cantaba en Barcelona, aprovechó para grabar varios discos para el sello Odeón. Luego de actuar en Madrid, regresó en 1926 a Buenos Aires, donde volvió a presentarse en los mejores escenarios, y prosiguió grabando discos durante 1926 y 1927, para partir luego una vez más rumbo a España. Cantó en Barcelona, Madrid, Santander, San Sebastián y Bilbao.

### Gardel en Francia

El 30 de septiembre de 1928, Gardel es presentado por primera vez al público parisino. Actuó durante tres meses en el Cabaret Florida, conquistando la admiración de todos los públicos. La gran demanda de sus discos hizo que grabara en París varias canciones que tienen una enorme aceptación en Francia.

De regreso de París, Gardel hizo escala en España para presentarse nuevamente ante "su" público español en Barcelona y Madrid.

Durante una parte de 1929 y 1930 triunfó en todos los escenarios de Argentina y Uruguay donde se presentó. Sus programas de radio eran seguidos por legiones de oyentes, y grabó sin descanso las mejores canciones que encontro para su repertorio.

Entre octubre y noviembre de 1930 filmó diez cortometrajes en los que interpretó diez canciones, dialogando con músicos y compositores de esos temas.

## De nuevo en Francia

En diciembre se presentó en el Casino de Niza, compartiendo ese escenario con la famosa Mistinguette. Siguió luego sus actuaciones en París, en cuya temporada fué contratado por la compañía Paramount para actuar en sus estudios cinematográficos de Joinville – en las afueras de París – en la película "Luces de Buenos Aires." En este film Gardel cantó dos canciones: "El Rosal," de G. Matos Rodríguez y J. Romero, y "Tomo Y Obligo," un tango con versos de Manuel Romero a los que Gardel puso música.

Así comenzaba el cantor a lucir para el cine sus excelentes dotes de gran compositor intuitivo, de las que resultarían después inolvidables páginas que se constituyeron en grandes éxitos internacionales.

Gardel conoció en Francia a Alfredo Le Pera, un periodista nacido en Brasil y naturalizado argentino. Gardel, enterado de las condiciones de Le Pera, le encomienda los argumentos de las próximas producciones. De ahí surgiría la fabulosa combinación creativa entre los dos, que dió como resultado la composición de todas las hermosas canciones de las películas de Gardel.

En 1932, Gardel filmó en Francia "Melodía de Arrabal," junto a Imperio Argentina, con quien también realiza el cortometraje "La Casa Es Seria," en el mes de octubre. Casi al mismo tiempo filma otra película: "Espérame."

## CINE EN USA

En 1934, la Paramount lleva a Gardel a Estados Unidos, y filma en Long Island una serie en las mejores películas del cantor: "CUESTA ABAJO" y "EL TANGO EN BROADWAY." – En 1935 el sello produce "The Big Broadcast 1935" con varios de sus artistas norteamericanos, y con ellos presenta a Carlos

Gardel y dos de sus canciones. – A continuación, también en 1935, se filman "EL DÍA QUE ME QUIERAS" y "TANGO BAR." Por supuesto, en todas estas películas, Gardel aportaba su imagen simpática y su formidable talento interpretativo, cantando los más hermosos temas de su propia creación musical sobre versos de Alfredo Le Pera.

Entre filmación y filmación, Gardel volvía siempre a la Argentina, y se presentaba con gran suceso en radio, teatros, grabaciones de discos, etc. Su última aparición en Buenos Aires tiene lugar el 6 de noviembre de 1933, en una audición especial de despedida por LR3 Radio Nacional.

Terminada la serie de películas filmadas en Estados Unidos, Carlos Gardel emprendió una tourneé que le llevó de triunfo en triunfo por países en los que se le idolatraba. Su imagen era ya popular y querida por sus films, y su voz por sus discos, ampliamente difundidos en toda América, España, Portugal y Francia principalmente.

En esa jira, Gardel llegó a cantar en Puerto Rico (abril 1935), pasando luego a Venezuela (Caracas, Maracaibo, Valencia y Cabimas). De allí viajó a cantar en Curazao y Aruba, para luego presentarse en Colombia. A principios de junio cantó en Barranquilla, Cartagena, Medellín y Bogotá. El 23 de junio efectuó su última actuación en la capital colombiana.

El 24 de junio salió de Bogotá para ir a Cali, haciendo escala previa en Medellín. A las 15.10, el avión que conducia a Gardel y sus acompañantes, por una caprichosa maniobra y una jugarreta fatal del destino, se estrelló con otra máquina en el aeropuerto, muriendo todos sus ocupantes, y entre ellos el más grande de los cantores populares de América.

En el penoso accidente murió también Alfredo Le Pera, dos guitarristas de Gardel (Barbieri y Riverol); un tercer guitarrista (Aguilar) fallecería días después; cayeron asímismo empresarios y amigos del cantor, que lo acompañaban en su jira.

Entro así en la inmortalidad de las leyendas CARLOS GARDEL, un cantor irrepetible que había llegado a dominar todos los géneros melódicos, y un creador genial de melodías, muchas de las cuales podrán apreciar ustedes en esta cuidadosa selección que presentamos con orgullo.

Por: Mario Clavell

# El Día Que Me Quieras

Letra:
ALFREDO LE PERA

Música:
CARLOS GARDEL

8

*Recitado*:
El día que me quieras,
no habrá más que armonías,
será clara la aurora
y alegre el manantial.
Traerá quieta la brisa
rumor de melodías
y nos darán las fuentes
su canto de cristal.
El día me quieras
endulzará sus cuerdas
el pájaro cantor,
florecerá la vida,
¡no existirá el dolor!

# Cuesta Abajo

Letra:
ALFREDO LE PERA

Música:
CARLOS GARDEL

12

ho - ra, cues - ta_a - ba - jo_en mi ro - da - da las i - lu - sio - nes pa - sa - das yo no las pue - do_a - rran-

car. Sue - ño, con el pa - sa - do que_a - ño - ro

el tiem - po vie - jo que llo - ro y que nun - ca vol - ve - rá. rá.

*Verso 2:*
Por seguir tras de su huella
yo bebí incansablemente
en mi copa de dolor,
pero nadie comprendía
que si todo yo lo daba
en cada vuelta dejaba
pedazos de corazón.
Ahora triste en la pendiente
solitario y ya vencido
yo me quiero confesar,
si aquella boca mentía
el amor que me ofrecía
por aquellos ojos brujos
yo habría dado siempre más.
*(Repetición del refrán:)*

# Volver

Letra:
ALFREDO LE PERA

Música:
CARLOS GARDEL

mor._____ La quie - ta ca - lle don - de_el e - co di - jo:_____ tu - ya_es su

vi - da, tu - yo_es su que - rer,_____ ba - jo_el bur - lón mi - rar de las es -

tre - llas que con in - di - fe - ren - cia hoy me ven vol - ver. Vol -

*Refrán:*

ver,_____ con la fren - te mar - chi - ta las nie - ves del tiem - po pla - tea - ron mi sién. Sen -

Verso 2:
Tengo miedo del encuentro
con el pasado que vuelve
a enfrentarse con mi vida.
Tengo miedo de las noches
que pobladas de recuerdos
encadenen mi soñar.
Pero el viajero que huye,
tarde o temprano detiene su andar
y aunque el olvido que todo destruye
haya matado mi vieja ilusión,
guardo escondida una esperanza humilde
que es toda la fortuna de mi corazón.

# Mi Buenos Aires Querido

Letra:
ALFREDO LE PERA

Música:
CARLOS GARDEL

Ai - res tie - rra flo - ri - da don - de mi vi - da ter - mi - na -

ré. Ba - jo tu_am - pa - ro no_hay de - sen - ga - ños vue - lan los

a - ños se_ol - vi - da_el do - lor. En ca - ra - va - na los___ re - cuer - dos

pa - san con u - na_es - te - la dul - ce de_e - mo - ción. Quie - ro que

se-pas que_al e -vo -car-te se van las pe - nas de mi co - ra - zón. 2. La ven-ta-

tar. Mi Bue - nos Ai - res que - ri - do

cuan - do yo te vuel-va_a ver no_ha-brá más pe - nas ni_ol - vi - do.

*Verso 2:*

La ventanita de mi calle de arrabal
donde sonríe una muchachita en flor
quiero de nuevo yo volver a contemplar
aquellos ojos que acarician al mirar.
En la cortada más maleva una canción
dice su ruego de coraje y de pasión
una promesa
y un suspirar
borró una lágrima de pena aquel cantar.

# Sus Ojos Se Cerraron

Letra:
ALFREDO LE PERA

Música:
CARLOS GARDEL

1. Sus o-jos se ce-rra-ron y_el mun-do si-gue an-dan-do, su bo-ca que_e-ra
2. *Vea letra adicional*

mí-a ya no me be-sa más. Se_a-pa-ga-ron los e-cos de su re-ir so-

*Sus Ojos Se Cerraron - 4 - 1*
PF9602

22

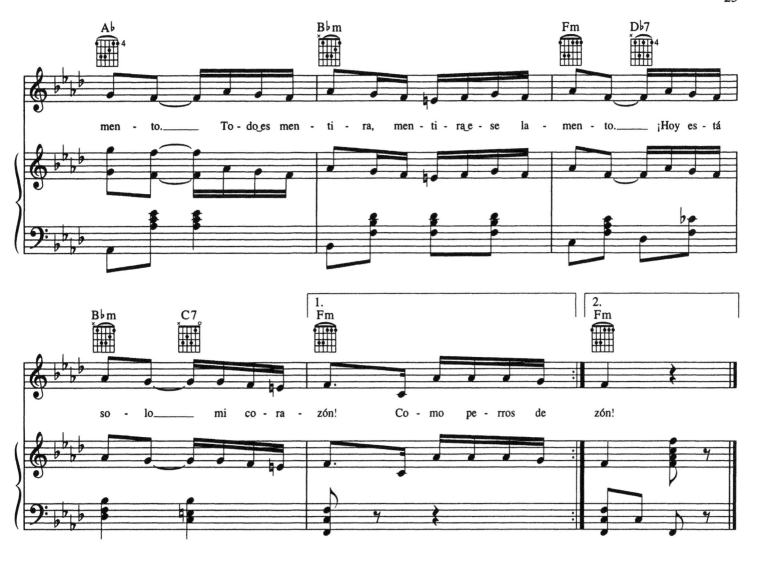

men - to._____ To - do_es men - ti - ra, men - ti - ra_e - se la - men - to._____ ¡Hoy es - tá

so - lo_____ mi co - ra - zón! Co - mo pe - rros de zón!

1.
Fm

2.
Fm

*Verso 2:*
Como perros de presa
las penas traicioneras
celando su cariño
galopaban detrás
y escondida en las aguas
de su mirada buena
la muerte agazapada
marcaba su compás.
En vano yo alentaba
febril una esperanza
clavó en mi carne viva
sus garras el dolor.
Y mientras en las calles
en loca algarabía,
el carnaval del mundo
gozaba y se reía,
burlándose el destino
me robó su amor.
*(Repetir el refrán:)*

# Cuando Tú No Estás

Letra:
MARIO BATTISTELLA
y ALFREDO LE PERA

Música:
CARLOS GARDEL
y MARCEL LATTES

26

28

men - to, que con - fí - o al vien - to,

to - do es do - lor_____ cuan - do tú no es - tás.

tás._____

# Por Una Cabeza

Letra:
ALFREDO LE PERA

Música:
CARLOS GARDEL

30

# Golondrinas

Letra:
ALFREDO LE PERA

Música:
CARLOS GARDEL

*Refrán:*

Crio - lli - ta de mi pue - blo, pe - be - ta de mi ba - rrio, la go - lon - dri - na un

dí - a su vue - lo de - ten - drá. No_ha - brá nu - bes en sus o - jos de va - gas le - ja -

ní - as y_en tus bra - zos a - man - tes su ni - do cons - trui - rá. Su_an - he - lo de dis -

# Milonga Sentimental

Letra:
HOMERO MANZI

Música:
SEBASTIAN PIANA

tal, o - tros se que - jan llo - ran - do, yo can -

to pa' no llo - rar. Tu_a - mor se se - có de

gol - pe, nun - ca di - jis - te por qué. Yo

me con - sue - lo pen - san - do que fue trai - ción de mu -

39

*Verso 2:*
Milonga que hizo tu ausencia.
Milonga de evocación.
Milonga para que nunca
la canten en tu balcón.
Para que vuelvas de noche
y te vayas con el sol.
Para decirte sí, a veces,
O para gritarte ¡no!
*(Al Coro:)*

*Verso 3:*
Es fácil pegar un tajo
pa' cobrar una traición
o jugar en una daga
la suerte de una pasión.
Pero no es fácil cortarse
los tientos de un metejón,
cuando están bien amarrados
al palo del corazón.
*(Al Coro:)*

# Lejana Tierra Mía

Letra:
ALFREDO LE PERA

Músicia:
CARLOS GARDEL

43

Lejana Tierra Mía - 5 - 4
PF9602

# Rubias De New York

Letra:
ALFREDO LE PERA

Música:
CARLOS GARDEL

48

ñar    el    dul  -  ce he - chi  -  zo  de   Peg - gy,_____

su   mi - rar   a - zul,_____    hon - do   co - mo_el

mar._____    De - li - cio - sas   cri - a -

tu - ras   per - fu - ma - das_____    quie - ro_el

# Tomo Y Obligo

Letra:
MANUEL ROMERO

Música:
CARLOS GARDEL

52

53

# Melodía De Arrabal

Letra:.
**ALFREDO LE PERA
y MARIO BATTISTELLA**

Música:
**CARLOS GARDEL**

55

Melodía De Arrabal - 4 - 2
PF9602

# Yira... Yira...

Letra y Música:
ENRIQUE SANTOS DISCEPOLO

1. Cuan - do la suer - te que_es gre - la "fa - yan - do" y "fa -
2. Cuan - do_es - tén se - cas las pi - las de to - dos los

yan - do" te lar - gue pa - rao; cuan - do_es - tés bien en la
tim - bres que vos a - pre - tás, bus - can - do un pe - cho fra -

ví - a sin rum - bo, de - ses - pe - rao;
ter - no pa - ra mo - rir a - bra - zao;

60

Coro:

Yira...Yira... - 4 - 3
PF9602

# Volvió Una Noche

Letra:
ALFREDO LE PERA

Música:
CARLOS GARDEL

66

*Verso 2:*
Volvió esa noche nunca la olvido
con la mirada triste y sin luz
y tuve miedo de aquel espectro
que fué locura en mi juventud.
Se fué en silencio sin un reproche.
Busqué un espejo y me quise mirar.
Había en mi frente tantos inviernos
que también ella tuvo piedad.
*(Repetir el refrán:)*

Mausoleo de Carlos Gardel en el cementerio de la Chacarita, Buenos Aires, Argentina